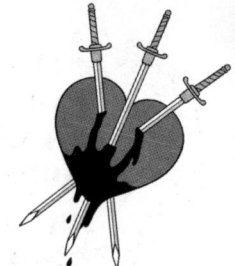

Publicado pela Editora Ísis em 2020
Original published in 2019 by Liminal 11
Copyright © das imagens e textos 2019 Lisa Sterle

Tradução: Paula Dutra
Design da caixa: Kaylee Pinecone
Projeto gráfico: Mike Medaglia

Os métodos de tiragem *os quatro poderes* e *a roda interior* são cortesia de Darren Shill.

Proibida a reprodução total ou parcial desta obra, de qualquer forma ou por qualquer meio seja eletrônico ou mecânico, inclusive por meio de processos xerográficos, incluindo ainda o uso da internet sem a permissão expressa da Editora Isis, na pessoa de seu editor (Lei nº 9.610, de 19.02.1998).

Direitos exclusivos reservados para Editora Isis.

EDITORA ISIS LTDA
www.isiseditora.com.br
contato@isiseditora.com.br

SUMÁRIO

Prefácio por Vita Ayala
~ 4 ~

Introdução
~ 6 ~

Os Arcanos Maiores
~ 8 ~

Os Arcanos Menores
~ 32 ~

Lendo o Tarô
~ 48 ~

Tiragens
~ 50 ~

Cartas extras
~ 56 ~

PREFÁCIO

O universo sempre foi um lugar amplo e misterioso. Seja com água, ossos ou com o Tarô, ao longo da história os seres humanos usaram várias formas de adivinhação para tentar compreender o mundo ao seu redor.

As bruxas, assim como a adivinhação, podem ser encontradas em todas as culturas. Elas são detentoras da sabedoria e do poder paranormal, e o tarô é frequentemente associado a elas. Há séculos essas poderosas mulheres são reverenciadas e perseguidas pelo seu conhecimento tanto das coisas naturais quanto sobrenaturais. Elas foram as curadoras e as respeitadas conselheiras, tanto de pessoas comuns quanto da realeza.

A bruxaria moderna tornou-se, de muitas formas, um refúgio para os grupos minoritários. O tarô é uma forma de explorar tanto sua própria consciência quanto o mundo. Para muitas pessoas negras, LGBTQ+ e para as mulheres, ele pode ser uma forma de retomar o poder. Ele pode ser uma forma de se conectar com uma parte de nós mesmos que nem sabíamos que havia sido podada, uma forma de buscar as respostas para perguntas que antes teríamos medo de fazer.

Lisa Sterle é uma artista extraordinária e uma pessoa incrivelmente bondosa e inspiradora. Através do seu trabalho, ela tem ajudado centenas de pessoas a se conectar ao espaço mágico constituído pela imaginação e intuição.

O que você está segurando em suas mãos é um exemplo bonito de amor e respeito ao tarô. Aqui você se encontrará, e também encontrará aqueles e aquelas que você ama, todos representados como os seres complexos e poderosos que são. Jovens, pessoas de meia idade, idosos; mulheres, homens, pessoas andróginas; negros, pardos, brancos. Você encontrará artistas, acadêmicos e acadêmicas, lutadoras e lutadores; encontrará também avisos e celebrações; e, o mais importante: iluminação.

Este conjunto de cartas é perfeito para aqueles e aquelas que já dominam a arte da leitura do tarô, ou para aqueles e aquelas que estão buscando a sabedoria das cartas pela primeira vez.

Respire fundo, feche os olhos, visualize a bruxa que você busca. As respostas estão esperando por você.

Todas as bênçãos para você.

Vita Ayala

INTRODUÇÃO

Tudo começou com o Dez de Espadas. Eu estava há alguns anos em um emprego sem futuro na área de design que estava lentamente sugando minha criatividade, minha paixão pela arte e minha fé na humanidade. Em um dia especialmente difícil, eu estava me sentindo no meu pior momento, duvidando de mim mesma e do caminho que escolhi trilhar. Eu não sabia como escapar da minha situação e todas as opções pareciam ser igualmente apavorantes e terríveis. Talvez por sorte ou por destino, eu me lembrei do Dez de Espadas. Procurei esta carta no meu tarô e lá estava eu contemplando essa carta e sentindo-a com toda a minha alma. Eu fiz a primeira ilustração do Tarô da Bruxa Moderna naquele mesmo dia, quando "Está tudo bem" era o que eu frequentemente dizia a mim mesma há muito tempo.

Minha autoestima e reconhecimento do meu valor artístico estavam bem baixos quando fiz aquela ilustração. Então, inacreditavelmente, a imagem fez sentido para muitas pessoas. Ela fez sentido para tanta gente, muito mais do que qualquer outra arte que eu tinha feito. Foi quando percebi que, através da minha dor e tristeza, eu havia chegado em algum lugar do outro lado.

Meu desejo é que você possa encontrar neste conjunto de cartas respostas e orientação; tanto quando você estiver se sentindo absolutamente para baixo, quanto quando estiver repleto de amor e alegria. Espero que essas cartas possam ser uma ferramenta para auxiliar você a atravessar a dor, ou a evoluir para compreender suas escolhas, ou tornar real sua inspiração.

Eu espero que você também possa encontrar o caminho que precisa trilhar.

Lisa Sterle

OS ARCANOS MAIORES

Os arcanos maiores são uma coleção de 22 arquétipos potentes que representam forças muito além do comum. Sua progressão pode ser vista como um caminho de iluminação, conhecido como a Jornada do Louco. O Louco, a carta 0, com todo seu potencial e liberdade, reside tanto fora dessa jornada como dentro de cada um dos arcanos maiores. Enquanto ele viaja desde O Mago até O Mundo ele se desenvolve espiritualmente, mas, como acontece em todas as viagens que valem a pena, esta jornada apresenta muitos desafios – de que forma ela evoluirá?

Em uma leitura, um arcano maior pode indicar forças fora do controle do consulente, uma situação muito significativa ou a influência de uma energia divina. Na questão dos elementos, os arcanos maiores fazem parte do reino do espírito.

A LOUCA

A grande aventura começa! A destemida louca, com sua atitude quem-se-importa está pronta para dar os primeiros passos em direção ao desconhecido. A paixão mais pura e o otimismo autêntico a alimentam enquanto ela dança ao som de sua música preferida para se alegrar. Ela não sabe o que encontrará além do penhasco, mas ela deixou para trás sua vida na cidade. Adeus normalidade, adeus rotina, adeus vida estruturada que ela tinha até então. Ela confia totalmente em seu instinto para guiá-la muito além do ordinário.

Não tenha medo de dar esse voto de confiança. Agora é o momento de começar essa jornada, porque você está pronta. Seja espontânea e deixe seu lado selvagem correr solto. Não olhe para trás com medo, olhe para frente e bem alto no céu e ao sol, e deixe seus instintos guiarem você. ***Você consegue***.

A MAGA

É hora de fazer magia, de transformar os sonhos em realidade. A Maga sabe o que ela quer e sabe do que precisará para fazer isso acontecer. De pé, com confiança e sabedoria, brandindo sua varinha em direção ao céu, A Maga canaliza a magia e a inspiração em sua direção e as transforma em energia criativa. Disposto em frente a ela está tudo o que ela precisa em um pedestal cristalino. A espada – sua inteligência e humor – a prepara para a tarefa que virá. Seu cálice está cheio e a conecta emocionalmente ao seu objetivo. O pentáculo é a experiência de vida que a ensinou como o mundo funciona. A vara a impulsiona, coloca A Maga em ação.

Traga aqueles sonhos elevados para a terra, transforme-os em realidade. Você sabe o que quer, e possui dentro de você a magia necessária para fazer isso acontecer! Acredite em você mesma, você sabe que está preparada para começar a criar. Deixe a inspiração fluir através de você e use todas as ferramentas para criar alguma coisa.

A SACERDOTISA

Há segredos profundos e muitos mistérios na vida. A Sacerdotisa sabe o caminho em direção a eles. Ela está sentada em seu trono, com seu laptop cheio de conhecimento e sabedoria secretos, pensativa, mas receptiva. Atrás dela, um véu de romãs sugere que o desejo por respostas está presente, mas talvez não estejamos prontos para erguer esse véu de mistérios. A lua, a seus pés, busca despertar nosso inconsciente e nos abrir para as questões ocultas e para as partes estranhas da existência.

Fique onde está. Às vezes o maior dos poderes está em ter consciência de que nada sabemos. Você se deparou com uma situação que exige de você mais autoconhecimento, e é hora de refletir sobre isso para crescer. Explore seu subconsciente, seja através da meditação, do próprio tarô, seja através do estudo. Não é o momento de tomar grandes decisões.

A IMPERATRIZ

O amor é tudo. A Imperatriz está segura de si! Esta deusa benevolente está viva e verdadeiramente conectada ao mundo e aos outros através da paixão e emoções puras. A Imperatriz está empoderada pelo amor e pela sexualidade, e a sua energia flui através de tudo ao seu redor. Ela dá vida à vegetação luxuriosa e recebe a vida do rio poderoso. Ela dá boas-vindas ao prazer e aos sentimentos, e preenche cada momento com êxtase.

Pense menos, sinta mais. Acolha-se no autoamor, e use-o para construir conexões mais fortes e profundas com a família, amigos, parceiros. Sinta-se plena pelos círculos sociais formados por pessoas que lhe tem amor. Beba do cálice do amor, permita que ele lhe nutra e aqueça. Através do amor você pode encontrar o verdadeiro significado das coisas e satisfação. Amor, amor, amor! Está tudo aí para você, se você permitir.

O IMPERADOR

Os limites e a estrutura nos ajudam a sentir seguros. O Imperador é cheio de autoridade e cria um mundo cheio de regras e leis. Ela é uma resposta reconfortante para o caos natural do mundo, mas está rígida e inflexível em seu trono de pedra. Ela precisa de lógica e razão acima de qualquer coisa, e é destemida para liderar e tomar as rédeas da situação para mudar o mundo ao seu redor. Apesar de ser soberana de uma cidade grande e poderosa, o rio da vida suavizou e escorre atrás dela.

Proteja-se, se julgar necessário. Não permita que outras pessoas passem por cima de você, e não tenha medo de afirmar sua opinião, assumir o controle e forçar alguma mudança. A lógica e a razão podem ser a melhor abordagem para um problema específico, e ao criar alguma estabilidade em sua vida você poderá liberar um pouco da ansiedade. Contudo, não perca a sua compaixão; a teimosia e o estoicismo nem sempre serão a melhor resposta.

A HIEROFANTE

Enquanto aprendizes, nós aprendemos com o passado e com a experiência dos outros. É a Hierofante que nos convida a despertar a nossa psiquê e o nosso potencial oculto por meio do estudo diligente. Ela é sábia em sua orientação, ajudando-nos a descobrir coisas novas que nunca teríamos descoberto sozinhos. Enquanto aprendizes e discípulos, nós nos ajoelhamos a seus pés, para ouvir suas histórias e suas lições, e se nós fizermos isso, poderemos ser capazes de encontrar a porta a ser aberta pelas chaves a seus pés.

Olhe para o passado, leia livros, encontre uma comunidade tanto formada por pessoas com a mesma visão de mundo que a sua, quanto com visões de mundo diferentes. Encontre a paixão dentro de você e a fome de saber cada vez mais. Nada se cria em um vácuo, e você pode se enriquecer encontrando comunidades ou grupos que o ajudem a estruturar seus estudos. Aprender coisas novas pode abrir sua mente para novos caminhos e possibilidades.

OS ENAMORADOS

Através do amor nós podemos alcançar coisas novas. A carta dos Enamorados é repleta de beleza, estrelas, desejos, esperanças e sonhos. Dois corações, mentes e corpos que se tornam um só. Os Enamorados criam um lugar completamente único e especial, um paraíso do respeito e da adoração mútuos. Todas as paredes de proteção são postas a baixo, deixando-nos despidos e perfeitamente como nós mesmos. Juntos nós vemos sonhos bonitos através de nossos olhos que veem tudo com nitidez, nós fazemos as coisas que nunca pensamos ser capazes de fazer, nós fortalecemos um ao outro por meio da confiança. O mundo canta e nada é impossível.

Você está se sentindo com sorte no amor, inebriado de amor, talvez um pouco louco de amor. Há uma chance dessas coisas surgirem junto com uma escolha a ser feita, então abrace seus desejos e confie em seu coração. Os Enamorados representam todos os tipos de amor, principalmente aquela pessoa em sua vida que faz você se sentir capaz de escalar montanhas. Você sabe quem elas são. Valorize seu tempo com elas, flutue no ar e faça pedidos às estrelas cadentes. Permita que seus dias e noites sejam repletos de amor.

O CARRO

Ela detém o controle de tudo ao seu redor. Ela dirige sua motocicleta prateada e reluzente, **pronta para a batalha**. Ela veste seu casaco de couro para protegê-la. Sua coroa brilha apontando para o céu e ela está conectada à natureza, às suas emoções, e ao solo estável sob seus pés. O Carro trabalhou duro para encontrar o equilíbrio perfeito em tudo na sua vida, tudo está no lugar certo e sob seu controle. A vitória pode não ser fácil, mas ela vencerá no final.

Está na hora de assumir o controle e executar as coisas. Metaforicamente (ou literalmente!), coloque sua jaqueta de couro mais sensacional e aquelas botas arrasadoras e prepare-se para a luta. Lute por você mesma, não desista, não deixe ninguém tirar você da estrada. Provavelmente isso vai custar um pouco de força e energia mental. Mas você é confiante. Você é poderosa. Você está preparada para isso. A vitória é sua.

A FORÇA

Problemas difíceis requerem força e autocontrole. A força pode domar um leão fazendo-o encarar seus medos e sentimentos indesejados, mantendo-os sob controle com graça e aceitação. Apenas quando nos reconciliamos com os aspectos sombrios de nós mesmos que a Força pode crescer e encontrar a verdadeira calma interior. As flores criam uma ligação entre a Força e o leão, e esta conexão não pode ser rompida. Essas paixões interiores, essas emoções que parecem girar intensamente fora de controle nos consumindo precisam ser aceitas pacificamente ou elas acabarão nos controlando.

Será necessária uma dose de coragem para se aproximar desses aspectos sombrios que existem dentro de você. Também serão necessárias a compaixão e a gentileza, já que apenas com isso você poderá encontrar sua força interior e o poder para se tornar inteiro, completo. Você precisa aceitar seus medos, suas ansiedades e seus sentimentos porque eles são uma parte de você. Você não pode se livrar deles. Pode ser que você esteja lidando com um problema difícil, mas é possível lidar com ele com graça, maturidade e força.

A EREMITA

Através da solidão, nós podemos descobrir coisas novas sobre nós mesmos. A Eremita já deixou para trás a preocupação e a distração com coisas materiais e superficiais, e já se recolheu a um santuário interior. Ela se afastou um pouco do mundo lá fora para se concentrar apenas em si mesma. A estrela brilhante é a luz que orienta sua mente inconsciente, e um caminho para uma revelação. O laptop é o suporte da sabedoria e conhecimento aprendido para ajudá-la em sua jornada. Ele também pode ser uma habilidade especial que ajudará a Eremita a lidar com o fato de estar sozinha.

Tudo bem estar sozinha. O silêncio e a meditação podem ajudar você a explorar seu mundo interior e guiar você até novos lugares. Com frequência, há muitas distrações que impedem você de focar no seu autocuidado, das mídias sociais a trabalhos estressantes, ao pavor de perder algo importante. É hora de dar um tempo de tudo isso, recolher-se em um lugar onde você se sinta segura com o objetivo de se aperfeiçoar. Não ignore seu próprio bem estar mental, e se você precisar de um professor, um guia ou um terapeuta para ajudá-la nesse caminho, não tem problema. Não tenha medo de estar sozinha.

A RODA da FORTUNA

A roda da vida nunca para de girar. Esta Roda da Fortuna dourada representa a vida, com seus muitos ciclos, seus altos e baixos. Nós vemos a alquimia do mundo inteiro através dos símbolos de Leão, Escorpião, Aquário e Touro, cada um representando um elemento: fogo, água, ar e terra. Há mistério e o desconhecido nas letras escritas na roda, já que nem sempre sabemos porque as coisas acontecem como acontecem. Mas somos esse ciclo, seja quando estamos no topo radiante da roda, ou no abismo do seu fundo.

Coisas ruins acontecem. Pode parecer que não faz sentido, que não é justo. Ou talvez você esteja no topo e nem consiga acreditar em toda a sua sorte. E, algumas vezes, é isso mesmo. A mais pura sorte. É sua tarefa compreender isso quando coisas boas acontecerem, coisas ruins virão inevitavelmente, e vice versa. Apenas siga em frente. Nada dura para sempre, nem o que é bom, nem o que é ruim, então aprecie tudo o que acontecer.

A JUSTIÇA

As escolhas que fazemos determinam quem nós somos. A Justiça, contemplativa em seu robe de cor vermelho vivo, ergue alto a espada da escolha. Ela sabe que sua tarefa não é nada fácil, e a balança equilibrada indica que ela está ponderando todas as opções disponíveis. A Justiça busca revelar uma compreensão profunda da moral e da ética. E quando encontrar o caminho certo, ela estará pronta para agir e usar sua espada.

Você precisa se responsabilizar por cada escolha que fizer. Se navegar pela vida sem examinar suas escolhas - e o que elas dizem de você e dos seus valores – você nunca será verdadeiramente consciente de si mesmo, e você pode acabar tratando os outros de forma desonesta e injusta. Pode haver uma questão difícil sobre a qual você precisa refletir, ou uma responsabilidade social que você tem negligenciado. É hora de se levantar, avaliar e fazer a coisa certa.

A DEPENDURADA

A paz verdadeira só pode vir de dentro de nós. A Dependurada encontrou esse estado zen no que pode parecer um lugar nada usual. Ela está pendurada na Árvore da Vida, vestindo roupas bastante confortáveis. Talvez ela pareça um pouco esquisita, ali pendurada de cabeça para baixo em uma árvore, perfeitamente posicionada, mas ela também está calma. A Dependurada simplesmente está relaxada e em paz.

Finalmente, chegou o período de calma após a tempestade. Você pode ter acabado de passar por batalhas difíceis e obstáculos a serem conquistados, mas agora é hora de relaxar um pouco. Medite, desacelere, nutra seu corpo e sua alma. Talvez você tenha que sacrificar alguma coisa para alcançar esse estado zen, mas não se preocupe. Não existe uma forma certa ou errada de fazer isso. Pode até parecer para os outros que sua rotina de autocuidado está um pouco estranha, mas este processo é crucial para que você acolha quem você é e liberte-se das expectativas e demandas dos outros.

A MORTE

A morte chega para todos nós. Ela vem em um cavalo branco, vestida de couro preto, com uma bandana de caveira indicando nosso inevitável fim. A morte é luz e escuridão, verdadeiramente e profundamente uma parte da vida. A rainha tenta lutar contra ela, e perde. A mulher idosa é sábia e está pronta para recebê-la sem medo. A jovem mulher não consegue tolerar imaginá-la, e olha em outra direção, fingindo que ela não está ali. A pequena criança tem olhos sinceros e inocentes; ela nem mesmo compreende porque ela estaria com medo. A Morte é eterna, necessária, inevitável.

Você não precisa deixar que a morte controle sua vida. A morte é o momento de deixar ir, de desapegar. Talvez exista uma memória que lhe assombre, ou uma coisa em que você desesperadamente quer acreditar sobre você mesma ou sobre a existência. Se conseguir deixar que isso morra, então você finalmente será capaz de se transformar em alguém melhor, em algo novo. O renascimento pode seguir intensas transformações.

A TEMPERANÇA

O equilíbrio é algo bonito. A Temperança é um anjo radiante adornado com as cores do arco-íris, equilibrando um pé na terra e outro na água, enquanto despeja a água de um cálice para outro com confiança. Os girassóis desabrocham atrás dela e o sol está brilhante e cheio de alegria. A Temperança é a perfeita alquimista, e ela está plena enquanto mistura as coisas com harmonia.

Sua vida não está funcionando bem e você precisa criar um pouco de equilíbrio. Talvez você esteja exausto de trabalhar demais, ou passou o final de semana inteiro vendo televisão e agora sua casa está uma bagunça. Então chegou a hora de colocar a casa em ordem, e começar a fazer as coisas com moderação. Você descobrirá que se agir com equilíbrio em todos os aspectos de sua vida, tudo parecerá funcionar melhor. Experimente e encare essa tarefa com otimismo e positividade, e curta todas as coisas maravilhosas de sua vida igualmente.

O DIABO

Os hábitos e os desejos que não são saudáveis podem nos consumir e nos controlar. O Diabo nos tentou e capturou com suas falsas promessas de riqueza, poder e prazer. O pentáculo invertido, símbolo da feitiçaria, adorna sua fronte. Ele ergue uma mão em uma afirmação de conhecimento e a outra segura uma tocha que aponta para a terra e todas as coisas materiais. Nós estamos cegos diante de nossas correntes, O Diabo tão traiçoeiramente nos levou até esse reino intoxicante.

Dinheiro, sexo, poder, status, prazer. Nós nos tornamos obcecados com desejos superficiais e fugazes, e isso levou você para um caminho nada saudável. Talvez você se sinta culpado ou envergonhado, enquanto deixa que esses impulsos controlem você, e você pode se machucar ou machucar quem está ao seu redor com seu egoísmo. Encare a dura verdade. Dê os passos necessários para romper esta corrente e procure ajuda se precisar.

A TORRE

Um absoluto desastre aconteceu. Nós construímos e cuidamos da Torre, com sua coroa dourada, e agora somos jogados violentamente lá do alto. O fogo consome tudo, nuvens cheias de tempestade se reúnem de forma sinistra e nós estamos em absoluto desespero enquanto a Torre cai em ruínas. Não há nada que possamos fazer enquanto vemos esta destruição, e a dor das pedras afiadas lá embaixo é inevitável.

De repente, uma grande e dolorosa transformação está no horizonte. A Torre é certamente uma das cartas mais violentas, mas ela não tem que destruir você completamente. Você pode enfrentar o fim de um relacionamento, pontes podem ser incendiadas ou uma amizade pode ir pelos ares. Mas das cinzas surge uma fênix. A tragédia pode nos fortalecer, e realmente iluminar aquilo que tem valor para nós. Sinta sua dor, não a ignore e você poderá aprender com ela. A dor é apenas mais um elemento necessário para viver uma vida.

A ESTRELA

A escuridão transformou-se em luz. A Estrela está em paz e contente em sua nudez, ela acaba de renascer e se tornar mais forte pelas suas tentativas. Ela está livre e sem fardos, sem tentar equilibrar ou controlar nada, mas está feliz despejando seus cálices cheios de vida, energia e amor no mundo. O íbis, símbolo da criatividade e inspiração, voa alto no céu sobre ela, e as estrelas brilham para ela.

O desespero transformou-se em esperança. Suas feridas estão cicatrizando, as cicatrizes estão desaparecendo, então desfrute deste momento de paz e serenidade. Você não precisa fazer nada que não queira fazer, permita-se ser livre e aceitar esses momentos calmos. A terra e todos ao seu redor rejuvenescerão você, trarão conforto e alegria para seu coração. Você é um sinal luminoso de possibilidade, então sonhe alto e faça aquele pedido para a estrela cadente.

A LUA

A lua cheia faz com que os esquisitos saiam de casa. Duas mulheres nuas com cabelo desgrenhado e máscaras de animais dançam sob a luz do luar. Elas dançam e uivam sob a luz da lua, e libertam sua energia selvagem e indomável. A Lua traz à tona coisas estranhas que estavam na escuridão, um lampejo daquilo que reside para além do mundo comum. Uma criatura espreita na água atrás delas, um lembrete do antigo medo do desconhecido.

Desperte seu lado selvagem. A imaginação e o reino da mente podem permitir a você ver as coisas de uma nova forma. Talvez você esteja se sentindo inquieta, um pouco estranha e cheia de uma energia selvagem – então seja espontânea. Faça algo inesperado. Confie no seu instinto, ele levará você até lugares novos e provavelmente estranhos. Mas tenha consciência de que, ao despertar seu lado selvagem, você pode navegar também por lugares perigosos. Mantenha-se alerta, e ouça quando seu instinto lhe alertar para o fato de ter viajado muito longe por este desconhecido.

O SOL

Com a luz do sol surgem novas vidas. Uma criança inocente, repleta de felicidade e alegria displicente brada sua bandeira vermelha bem alto no céu. Atrás dela, uma parede cinza é seu passado, e as flores das memórias desabrocham e prosperam ao sol. Há maravilha e calor em toda parte. O Sol transformou o dia em um campo de brincadeiras pronto a ser explorado. É hora de se sentir totalmente vivo.

O inverno chegou ao fim. O mundo reluz e está repleto de energia e beleza. Desfrute da luz do sol, abrace a vida! Você pode ter acabado de se deparar com uma grande descoberta ou revelação que é incrível e inebriante e pode ajudar você a ver as coisas de uma nova forma, muito mais bonita. Esta nova perspectiva é o resultado do seu trabalho duro, interno e externo, e agora é chegado o momento da recompensa. Então aproveite! Faça algo divertido, tenha uma aventura, os dias são seus para serem preenchidos com o encanto e o otimismo das crianças.

O JULGAMENTO

Em alguns momentos de nossas vidas, nós podemos sentir que há algo nos impulsionando para a mudança. O Julgamento chega até nós na forma de um anjo benevolente e nos presenteia com uma encruzilhada em seu manto. Como seres humanos, nós não estamos sozinhos no mundo, mas cercados de pessoas que também estão lutando – cada uma delas a seu modo. Através da compaixão, do amor e do desejo de nos tornarmos pessoas melhores, nós tentamos alcançar esse objetivo elevado de nos atualizarmos para enriquecermos o mundo e aqueles que estão ao nosso redor. ***Só quando atendemos a este chamado que podemos verdadeiramente estar vivos.***

Não se trata de julgar os outros, mas de julgar a si mesmo. Há momentos em que devemos ser gentis com nós mesmos, e há momentos em que precisamos ser um pouco mais duros. Agora é um desses momentos. Há uma transformação importante que você precisa fazer para atingir esses objetivos elevados, mas você está preparado. Seu antigo eu já é passado, e o futuro lhe chama. Avalie-se e avalie as suas opções honestamente. Esta é sua melhor versão?

O MUNDO

A jornada chegou ao fim. Assim como A Louca lá no início, terminamos esta aventura com uma dança cheia de alegria. A dançarina do Mundo está perfeitamente completa e seu corpo e mente estão unificados, assim como seu consciente e inconsciente, e todos os elementos estão em perfeita harmonia. Ela está centrada, iluminada e irradiando auto amor. Ela é uma parte de tudo, e tudo é parte dela. A guirlanda a circunda com um zero e o infinito. Ela é tudo e nada de uma só vez, e se tornou uma só com O Mundo.

Sucesso! Todo seu esforço rendeu bons resultados: você passou nos testes e ultrapassou os obstáculos. A jornada pode ter sido desafiadora. Pode ser que você tenha tido que lutar e chorar e sentir todas as emoções possíveis para chegar até aqui, mas você chegou. Reconheça tudo o que você conquistou e alegre-se com seu sucesso e glória. ***Você é repleto de magia, e é absolutamente incrível!***

OS ARCANOS MENORES

*Se uma Bruxa
conhece os Elementos, então
ela conhece os Arcanos Menores.*

Os arcanos menores são divididos em quatro naipes: Paus, Copas, Espadas e Pentáculos. Eles são ordenados do ÁS ao 10, as cartas numeradas, e são seguidas pelas Cartas da Corte: o Pajem, o Cavaleiro, a Rainha e o Rei. Pode parecer que aprender sobre 56 cartas seja bastante, mas lembre-se, todos os naipes possuem seu próprio tema e cada número ou cada Carta da Corte traz um certo aspecto ao tema. Portanto, se você compreender um deles, com sorte você compreenderá e será capaz de lembrar dos demais.

PAUS: Fogo. Força de vontade, criatividade, projetos e ação.

COPAS: Água. Experiência interior, relacionamentos e imaginação.

ESPADAS: Ar. Pensamentos e a dimensão intelectual.

PENTÁCULOS: Terra. Trabalho, finanças, natureza, realidade física.

Em uma leitura, uma carta numerada geralmente representa como os eventos se desenvolvem na vida do consulente, enquanto as Cartas da Corte frequentemente representam um indivíduo, podendo ser o próprio consulente ou outra pessoa.

ÁS DE PAUS: Bem alto sobre a paisagem do deserto e queimando no sol e no calor, sua varinha queima com paixão. Um fogo foi aceso dentro de você, e não há como apagá-lo. Permita que essa energia dentro de você a impulsione em direção a coisas novas. Controle essa criatividade. Está na hora de começar esta jornada selvagem!

DOIS DE PAUS: Você tem a presença de uma líder enquanto olha para o mundo lá embaixo. O celular em sua mão faz perguntas enquanto você reflete sobre o que fazer e onde ir em seguida. Você tem tido sucesso recentemente, mas está um pouco incerta sobre as próximas etapas. Contudo, ainda não é o momento de descansar. Não se deixe distrair e mantenha-se focada em seu objetivo.

TRÊS DE PAUS: De pés firmes sobre a Terra, você tem suas varas para lhe apoiar enquanto contempla seus planos. Você está se esforçando bastante e se preparando para o futuro. Está funcionando! Você tem uma estratégia sólida, então tudo o que precisa fazer é colocá-la em prática.

QUATRO DE PAUS: O jardim está crescendo luxuriosamente, e esses dois já se afastaram bastante de todo o estresse e planejamento para ter um pouco de diversão. Pode ser uma surpresa, mas bons momentos estão no horizonte! Tire um descanso do trabalho e coloque toda essa energia em você mesma.

CINCO DE PAUS: Com suas varas ao alto, este grupo de meninas está empenhado na batalha, pronto para defender sua posição e lutar umas com as outras. Pode ser apenas uma competição amigável, ou as coisas podem ficar ruins, mas de ambas as formas será exaustivo. A competição é dura, e são muitos os obstáculos.

SEIS DE PAUS: Um V de vitória! Você acaba de vencer uma grande batalha, e agora você pode curtir a recompensa. Seus apoiadores e admiradores vibram com seu desfile da vitória, já que você acaba de conquistar algo grandioso! O sucesso é seu! Curta seu momento, e deixe seu ego ser massageado um pouco.

SETE DE PAUS: Seu esforço feroz lhe deu a força e a coragem de chegar ao topo do penhasco, só para que os outros tentassem lhe derrubar pelas costas. Você obteve sucesso e está se sentindo forte, mas os outros podem estar com inveja. Eles tentarão fazer com que se sinta menos do que é e semearão sementes de dúvida em você. Não deixe isso acontecer. Você merece estar aqui. Lute por você mesma.

OITO DE PAUS: Você voa pelo deserto, rápido demais e olhando para o horizonte – as varas cruzam o céu acima de você. É hora de parar de não fazer nada. É preciso agir e simplesmente IR! Ligue os motores e pare de perder tempo porque você tem coisas para fazer, pessoas para encontrar e lugares para conhecer.

NOVE DE PAUS: Seu uniforme de luta está pronto, suas varas estão todas enfileiradas formando uma parede de proteção – garantindo sua segurança. Você está preparada para uma boa luta. É hora de enfaixar os dedos e sujar as mãos. Há uma batalha a caminho, então não diminua suas demandas e padrões. Você tem a força e a coragem de manter sua opinião e defender aquilo que construiu.

DEZ DE PAUS: Você está sobrecarregada, suas costas estão curvadas de dor enquanto você tenta se mover. Você está carregando um fardo tão grande que nem consegue ver o que está à sua frente. Analise com cuidado como você está gastando seu tempo e energia. Você não está gerenciando isso bem e está ficando exausta. Talvez agora seja o momento de procurar ajuda.

PAJEM DE PAUS: A pajem está sempre cheia de novas ideias, novas coisas para fazer, novas coisas para aprender e estudar. Ela quer tudo, mas ainda não tem toda a maturidade de se concentrar para dar seguimento a cada uma de suas novas paixões. Tudo é possível e emocionante. Se você é a pajem, você está em uma etapa de experimentação, então experimente e siga seus impulsos. Em algum momento você encontrará algo que fará mais sentido.

CAVALEIRO DE PAUS: Tudo neste cavaleiro é ação e ela não perde tempo para pausar e pensar. Ela persegue seus objetivos de forma singular e temerariamente; sua paixão irrefreável é inspiradora, mas vem acompanhada de riscos. Se o cavaleiro é você, é hora de ser esperta e aproveitar aquela oportunidade maluca à sua frente. Ela não vai ficar ali para sempre. Aproveite este sentimento de total confiança em si mesma, mas tenha consciência de que podem haver consequências não previstas por agir tão impulsivamente.

RAINHA DE PAUS: A Rainha pulsa com vida e uma energia contagiante, e é impossível não se sentir capaz de dominar o mundo quando você está ao lado dela. Sua confiança e assertividade são tão poderosas que ela motiva você a FAZER as coisas. Se você for a Rainha, a vida está lhe dando tudo agora: boa sorte, ideias, amigos, uma promoção, então canalize essa abundância em confiança. Você sabe quais são seus pontos fortes e fracos e como utilizar suas habilidades para conseguir o que você quer. Ao trabalho, garota.

REI DE PAUS: Líder comandante, totalmente confiante em suas ações e habilidades. O Rei pode ser um(a) professor(a) inspirador(a), ou um(a) chefe que você realmente respeita. Se o Rei for você, pode ser hora de agir e assumir o controle em uma situação. Não tenha medo de assumir a liderança, você pode canalizar suas paixões em ação e energia. Você tem as habilidades para estar no comando.

ÁS DE COPAS: Algo bonito e cheio de amor acaba de começar, e seu cálice está tão cheio que o líquido derramado forma uma piscina logo abaixo. Você se sentirá completa com uma positividade radiante, alegria e felicidade. Seja receptiva. Você tem sido abençoada com um amor capaz de doar vida, então acolha todos os seus novos empreendimentos!

DOIS DE COPAS: Há uma pessoa incrível e espetacular em sua vida, ou está prestes a surgir uma. Você gosta tanto de estar em sua companhia, que cada vez que vocês estão juntes parece uma festa e seu coração explode de energia pela pessoa. ***Embebeda-se de amor***, curta os momentos ao lado dessa pessoa e deixe que ele ou ela encham seu cálice.

TRÊS DE COPAS: É hora de erguer os cálices e celebrar, porque há uma celebração a caminho! Você está cercada de amigos que lhe amam e que você ama, então é hora de demonstrar isso. Você ou um amigo muito próximo acaba de conquistar algo extraordinário, ou talvez você apenas esteja reconhecendo o quanto eles significam para você. ***De qualquer forma, é hora de festejar!***

QUATRO DE COPAS: A vida é cheia de decepções, imperfeições e infelicidade. Talvez você esteja se sentindo super cética ultimamente, como se nada acontecesse em sua vida e as cartas estivessem contra você. Mas essa negatividade não lhe levará a lugar algum, e ficar remoendo arrependimentos e fracassos não é nada saudável. Se você apenas mudar sua atitude, começando a dizer 'sim' ao invés de 'não' para o mundo, você descobrirá que ainda há apoio e coisas bonitas à sua espera.

CINCO DE COPAS: Algo importante foi perdido, e seu coração está repleto de uma tristeza avassaladora e desespero. Talvez um relacionamento tenha chegado ao fim, ou você tenha sido dispensada do seu trabalho – o que quer que seja, isso destruiu sua esperança no futuro perfeito que você sempre imaginou. ***Tudo bem em se sentir derrotada e em luto***. A tristeza é parte do processo. Eventualmente você voltará a ter esperança, e haverá muito mais amor esperando por você quando você estiver pronta.

SEIS DE COPAS: Você está sendo convidada a abraçar sua família e amigos com bondade e compaixão. Espalhe seu amor e doçura para aqueles com quem você se importa, e nutra suas conexões. Você também pode estar se sentindo um pouco nostálgica; talvez exista algo doloroso em sua infância que precisa ser analisado. Só não se esqueça de ser gentil com seu eu do passado. É hora de acolhê-lo.

SETE DE COPAS: Amor, sabedoria espiritual, dinheiro, sucesso, poder: parece que todos esses tesouros estão lá fora esperando que você os pegue. Você está sonhando TÃO alto, que anda nas nuvens e totalmente desconectada da realidade. É hora de recuar colocando os pés no chão e fazer o esforço necessário para estar mentalmente saudável. Só assim os grandes sonhos se tornam possíveis.

OITO DE COPAS: É difícil, mas você precisa se afastar um pouco daquilo a que tem dedicado seu amor e emoções. Não está funcionando. É hora de dizer adeus e seguir em frente. Pode ser muito difícil - você investiu muito do seu tempo e energia nisto, afinal! Mas a sabedoria vem de saber quando algo é inútil, aprender com isso e seguir em frente.

NOVE DE COPAS: Permita-se! Você está indo muito bem, e merece uma bela recompensa pelo seu sucesso e conquistas. Dê uma festa, compre algo legal para você, tenha um dia no spa. Faça algo que queira fazer, apenas por você. Mostre a você mesma o amor que você merece.

DEZ DE COPAS: É um lindo dia. Um arco-íris brilha em um céu azul e tudo está repleto de alegria. Você tem passado por algumas provas e atribulações, mas sua vida em casa está perfeitamente em paz e equilíbrio. Pare um pouco o cheiro das rosas, aprecie as pessoas que você ama e estão ao seu lado e apenas curta esses momentos bonitos.

PAJEM DE COPAS: O que é isso, um peixinho surpreendente saindo do cálice dela? Algo ou alguém inesperado está vindo em sua direção, e vai afetar bastante suas emoções. Talvez você tenha sido envolvida por uma onda de inspiração ou acaba de encontrar um novo amigo. O que quer que seja, será um maremoto de sentimentos. Não tenha medo de se aventurar.

CAVALEIRO DE COPAS: Uma pessoa confiante, charmosa e maravilhosa de ter por perto. Ela simplesmente atrai sua atenção. Mas tenha consciência de que ela não está totalmente focada em você, ela está completamente concentrada em seu próprio cálice e está constantemente em busca de novos sentimentos de amor e paixão. Este é um relacionamento que não vai durar muito, por mais que você queira. Se o cavaleiro é você, você tem buscados muito os sentimentos e precisa dedicar mais tempo para nutrir suas amizades e relações existentes.

RAINHA DE COPAS: Uma orientadora emocional, que sabe oferecer conforto e é profundamente ligada ao mundo das emoções. Altamente empática e criativa, ela passa boa parte do seu tempo contemplando as águas do inconsciente e pode ser difícil mantê-la em terreno firme. Se esta carta lhe representa, confie na sua intuição e sentimentos em qualquer empreendimento criativo. Se procurar dentro de você, encontrará uma riqueza de criatividade e inspiração que lhe guiará pelo caminho certo.

REI DE COPAS: Eles são calmos, e seus cálices estão quase transbordando com amor e compaixão. Eles extraem sua força de modo gentil e bondoso com que tratam as pessoas, e realmente estão em contato com suas emoções. São aquele tipo de pessoa com quem você se sente perfeitamente à vontade porque sua presença é sincera e cheia de aceitação. Se esta carta indicar um relacionamento, você finalmente poderá baixar a guarda e se sentir confortável e amada por esta pessoa. Se o Rei for você, você tem feito um ótimo trabalho como amigo e confidente, então orgulhe-se disso.

ÁS DE ESPADAS: Um sopro de claridade e inspiração vem com o início desta jornada. Talvez você sinta que seus pensamentos estejam constantemente acelerados, as rodas estão girando e você chegou a uma revelação. *Este é apenas o começo de um caminho difícil*, e você precisará de toda sua perspicácia e razão para atravessá-lo.

DOIS DE ESPADAS: Você ergueu a guarda, se armou contra a oposição e vendou seus próprios olhos. Ao se recusar a se mexer, você se cegou para a verdade de uma situação difícil. Talvez você tenha se fechado para suas emoções como um mecanismo de defesa, ou está se recusando a ver as coisas de forma lógica. Talvez você esteja presa na paralisa da análise. De ambas as formas, você não está lidando com o problema honestamente. *Retire a venda dos olhos* e confronte a questão.

TRÊS DE ESPADAS: A traição e o coração partido doem como uma facada. Alguém perto de você lhe machucou profundamente, traiu sua confiança ou tem sido profundamente sem consideração com você. Você não precisa endurecer; está tudo bem se sentir mal sobre essa situação. *Isso dói.* Se você ainda não tinha sentido essa dor, faça uma análise na alma para ter certeza de que também não está tratando alguém tão mal assim.

QUATRO DE ESPADAS: *A luta é real* e você está bastante exausta. Você tem colocado muito tempo e energia em todos os aspectos externos de sua vida, como amigos, seu relacionamento ou seu trabalho, e você tem esquecido de cuidar de si mesma. Você está se sentindo acabada, então se dê um descanso. Relaxe, feche os olhos, medite. *Tire uma soneca.* Faça o que precisa fazer para recarregar as energias.

CINCO DE ESPADAS: Você está se sentindo forte, talvez um pouco raivosa ou mesmo cansada da situação, e está preparada para dar uns golpes. Se optar por este caminho, você definitivamente vencerá, mas haverá consequências não previstas. Você está tão focada nesta situação que não está pensando sobre o assunto. Pare e considere a situação por um segundo, antes que faça algo de que vai se arrepender.

SEIS DE ESPADAS: Será necessário fazer uma escolha difícil, uma que pode ser dolorosa e quase impossível; contudo, você sabe, lá no fundo de seu coração, que este é o melhor caminho a seguir. Com certeza será difícil por um tempo, e suas emoções poderão lutar contra você, mas a lógica diz que isto é algo que você precisa fazer. Fique bem enquanto navega pelo desconhecido.

SETE DE ESPADAS: Algumas vezes na vida nós não podemos ser completamente abertos e honestos. Uma mentirinha, até mesmo uma omissão, podem ser taticamente necessárias em uma situação desafiadora. Talvez você esteja lidando com um colega de trabalho realmente terrível ou um relacionamento abusivo, e você precisa de alguns segredos para se manter em segurança. Apenas tenha cuidado para que seu engano não esteja machucando você mesma ou outras pessoas, e que esta seja mesmo a melhor maneira de lidar com a situação.

OITO DE ESPADAS: Você está se sentindo aprisionada, cega, incapaz de agir por conta de todas as espadas que estão presas no chão ao seu redor e elas parecem ser tão difíceis de retirar. Mas as cordas não estão muito firmes, e com um pouquinho de luta elas se soltam. ***Não se renda*** à falta de esperanças e negatividade. Você pode ter cometido alguns erros para ter chegado onde está, mas ***você tem as habilidades necessárias para sair desta situação***.

NOVE DE ESPADAS: As espadas estão penduradas sob sua cabeça e você não consegue dormir à noite. Você não consegue dormir enquanto sua mente está sendo consumida com ansiedade, desespero e um sentimento de infortúnio incapacitante. Talvez você esteja realmente passando por algo terrível, ou talvez você esteja fazendo com que um obstáculo seja maior do que ele realmente é. De ambas as formas, está tudo bem em se sentir com medo ou ansiosa. *Converse sobre isso com alguém em quem confia e tente olhar para o futuro.*

DEZ DE ESPADAS: Tudo está bem. Está tudo bem. De verdade. Claro, você foi completamente dilacerada com dez espadas afiadas, está deitada em posição fetal no chão. Você está lutando, apenas tentando sobreviver, enquanto esse peso cada vez fica maior. Você está passando por algo que tem esmagado sua alma e parece que seu mundo está acabando. Todo momento dói, e às vezes apenas uma distração sem sentido pode ajudá-la a se sentir melhor. *Mas a dor vai acabar, e você sairá dessa mais forte tendo sobrevivido.*

PAJEM DE ESPADAS: Esta pajem é cheia de energia e vontade, ela é incansável em suas ações e não fica quieta por muito tempo. Ela nunca fica sem coisas malucas para fazer ou dizer. Uma verdadeira idealista, ela pode ser um pouco cansativa em sua determinação juvenil. Se a pajem for você, mergulhe de cabeça nos seus planos mais selvagens, e encontre aqueles e aquelas que lhe apoiarão em suas aventuras.

CAVALEIRO DE ESPADAS: Chegando em cena com fervor e confiança, o cavaleiro se precipita com toda força contra seus obstáculos sem titubear. São pessoas passionais e totalmente confiantes em sua inteligência e opiniões, mas faltam nelas bastante compaixão e coração. Se o cavaleiro é você, é chegada a hora de duvidar um pouco de si mesmo. Provavelmente você é um pouco frio, e confiante demais, e possivelmente teme demonstrar alguma vulnerabilidade. Isso deixou você sem equilíbrio e pouco preparado para o que virá.

RAINHA DE ESPADAS: A Rainha tem uma percepção impávida e pode chegar à verdade em questão de segundos. Ela pode ser brusca, brutalmente honesta e muito direta. Mas só porque ela é verdadeira, não quer dizer que ela não tenha compaixão e humor. Ela ainda é compreensiva, porque pode verdadeiramente ver toda a situação pelo que ela de fato é. Se você for a Rainha, é hora de deixar suas emoções de lado e tentar ver as coisas com inteligência, clareza e honestidade.

REI DE ESPADAS: O Rei é muito inteligente e profundamente preocupado com a verdade, ética e honestidade. Os Reis trazem consigo certa autoridade; e podem ser um modelo em sua vida. São pessoas espertas e que buscam ser corretas e justas em tudo o que fazem. Entretanto, são tão preocupadas com o conhecimento e em resolver os problemas com eficiência, que falta nelas um pouco de doçura e compaixão ao lidar com questões pessoais. Se o Rei for você, dê um passo à frente e utilize sua inteligência e suas habilidades para resolver problemas quando for necessário. Uma liderança forte pode ser exigida de você.

ÁS DE PENTÁCULOS: O mundo ao seu redor está cheio de possibilidades e promessas no momento. Envolva-se nele, saia para um passeio de bicicleta, tome um banho de banheira, faça um chá, plante algumas flores e encante seus sentidos. Você está neste mundo, neste planeta, ***então viva sua vida e deixe as coisas boas chegarem até você.***

DOIS DE PENTÁCULOS: Você está experimentando todos os desafios intensos do dia a dia e lidando com eles lindamente. Você está em sintonia com os ritmos do mundo e cada movimento e decisão parecem uma dança orquestrada. Enquanto você for adaptável e flexível, você será capaz de continuar essa dança.

TRÊS DE PENTÁCULOS: Sua paixão por aprender e aprimorar suas habilidades vai gerar frutos. Você tem se dedicado lealmente a um projeto, ou ao seu trabalho, e algum superior seu está querendo lhe recompensar por todo seu esforço. Você tem o talento para ver isso acontecer e em breve estará onde deseja estar.

QUATRO DE PENTÁCULOS: Você tem estado ocupado com sua performance de equilíbrio, agarrando-se ao seu dinheiro e às coisas materiais para se sentir seguro e estável. Tem funcionado, por enquanto, mas mesmo assim você não consegue relaxar. Você tem que abrir mão de um pouco do controle, porque todo esse estresse em relação ao dinheiro não está lhe fazendo feliz.

CINCO DE PENTÁCULOS: Não seja orgulhoso demais ou assustado demais para pedir ajuda. Você está lutando, e sente que não há absolutamente nada a fazer além de abaixar a cabeça e passar pelo sofrimento. Mas se você olhar ao redor, verá que existe ***carinho e pessoas amadas*** que estão tentando ajudar você de alguma forma. Mesmo que seja apenas um ombro amigo sob o qual chorar, ***eles lhe ajudarão a atravessar essa tempestade.***

SEIS DE PENTÁCULOS: A questão toda é dinheiro. Talvez você tenha tido uma maré de sorte, e esteja surfando na onda e se deliciando com sua nova riqueza. Seja generoso, mas também cauteloso para não adquirir hábitos de consumo que não são saudáveis. Ou talvez você esteja passando por um aperto e dependente de outras pessoas para viver. Em breve você verá uma nova oportunidade se abrir, então use-a com sabedoria. Em ambos os casos, tenha consciência de sua atitude em relação ao dinheiro, e fique atento para não estar apoiando hábitos mentais não saudáveis.

SETE DE PENTÁCULOS: É hora de uma pausa muito necessária. Afaste-se do que quer que esteja nutrindo e tire algum tempo para relaxar. Talvez tudo esteja acontecendo perfeitamente, e você já pode ver as recompensas no horizonte. Ou talvez você esteja preso e indeciso sobre o que fazer em seguida. Em ambos os casos, algum tempo afastado lhe dará uma nova perspectiva quando você retornar.

OITO DE PENTÁCULOS: Não existe sucesso sem trabalho e esforço. Se você tem um prazo importante a cumprir, um projeto sobre o qual tem procrastinado, ou se está tentando aprimorar sua situação, é hora de começar a trabalhar. Pode parecer um trabalho duro, com certeza, mas definitivamente valerá o tempo e a energia gastos. O sentimento de orgulho quando finalmente tiver terminado será incrível. Prometo.

NOVE DE PENTÁCULOS: Tudo é um mar de rosas agora e você finalmente pode ficar confortável e curtir o momento. Você fez escolhas inteligentes, gerenciou seu tempo e dinheiro com sabedoria, e agora pode sentar e curtir os frutos do seu trabalho. Faça alguma extravagância por você, para você; fez por merecer.

DEZ DE PENTÁCULOS: Tudo em sua vida está dando certo, *magicamente*. Chega de noites cheias de estresse preocupada com dinheiro ou o aluguel, ou seu emprego. Você fez o trabalho necessário para criar alguma estabilidade. Seu lar está repleto de amor, satisfação e conforto. Não há necessidade de fazer nada drástico ou radical, acredite ou não. Você encontrou alguma paz. *Permita-se dar as boas vindas a isso.*

PAJEM DE PENTÁCULOS: Esta pajem é verdadeiramente dedicada e focada em seus objetivos. Ela pode ser jovem, ou inexperiente, mas ela tem a vontade e a determinação necessárias para se aventurar. Não discorde desta pessoa, elas são verdadeiramente talentosas e estarão à altura dos acontecimentos quando chegar a hora. Se a pajem é você, é hora de ter foco e compromisso com o que anda sonhando. Comece a tomar ações concretas para trazer mágica ao mundo.

CAVALEIRO DE PENTÁCULOS: O cavaleiro é firme, confiável e obviamente tem uma *forma de trabalho muito ética*. Não têm problema em abaixar a cabeça e realizar o trabalho, e farão isso perfeitamente. Sua atenção aos detalhes e sua habilidade de produzir é admirável. Se o cavaleiro é você, é hora de fazer o trabalho pesado e concluir as coisas. Vai demorar um pouco, será muito trabalhoso, mas você provavelmente encontrará algum prazer e satisfação no processo.

RAINHA DE PENTÁCULOS: Esta Rainha é rica de diversas formas. Ela possui uma vida simples e estável que ela adorna com coisas, pessoas e atividades que lhe trazem alegria. Ela é generosa e cuidadosa; tenta trazer alegria e fornecer um santuário para aqueles e aquelas que ama. Se você é a Rainha, é hora de cuidar e nutrir. Pode ser tão simples quanto separar algum tempo para cozinhar uma refeição para um bom amigo, ou comprar uma planta bonita para alguém especial. Seja gentil, combina com você.

REI DE PENTÁCULOS: O Rei possui tudo o que sempre desejou e pelo qual lutou, e todos seus sonhos materiais se tornaram realidade. Apesar de terem tanto, não são avarentos, pelo contrário, *são pessoas confiáveis e extremamente generosas*. Amam ver os outros terem o mesmo sucesso que eles, e definitivamente estão disponíveis para oferecer ajuda a um amigo em necessidade. Se você é o Rei, não seja mesquinho com seu tempo e dinheiro. ***Doe*** suas habilidades, sabedoria e, possivelmente, dinheiro. Você se sentirá completamente realizado após passar algum tempo ajudando os outros.

LENDO O TARÔ

Talvez o seu Tarô da Bruxa Moderna seja puramente para inspiração e reflexão (Maravilha!), mas se estiver em busca de revelações e conhecimento, então as cartas precisam ser lidas. Cada leitura oferece uma forma de ver o tarô de um jeito novo – uma nova combinação em circunstâncias diferentes que não apenas permite que você resolva perguntas, mas também aprofunda sua compreensão das cartas enquanto faz isso.

Aqui está um passo a passo para a leitura das cartas. Há muitas formas de fazer essa leitura e, com o tempo, você encontrará sua própria forma de fazer isso. Quando este tesouro for desvendado, certifique-se de passá-lo adiante!

1. Preparação e armazenamento. Antes de usar o tarô, limpe e abençoe as cartas. Há muitas formas de fazer isso, como deixá-las sob a luz da lua cheia, defumá-las com sálvia e outros incensos; siga seu caminho. Armazene-as ligeiramente fora de vista.

2. Elabore suas perguntas com sabedoria. Nem toda pergunta é adequada para o tarô.

3. Escolha a sua tiragem. Algumas tiragens já fornecem a pergunta, como a Cruz Celta ou a tiragem dos 12 meses do ano. Mas com frequência uma tiragem precisa de uma pergunta. Algumas tiragens são fornecidas aqui para ajudar você a começar, mas os livros e as referências online fornecerão o que precisa para escolher a tiragem perfeita. Com o tempo, tente aprender umas três ou quatro tiragens simples que poderá usar na maioria das ocasiões.

4. Embaralhe e corte as cartas. Enquanto o/a consulente embaralha as cartas (não existe uma forma errada de embaralhar!) tente guiá-los em sua pergunta. Faça com que eles pensem nas circunstâncias que o levaram até aqui. Como as coisas estão agora? Visualize lugares, pessoas e eventos

importantes. Quais são suas expectativas? Você pode pedir que o/a consulente corte a pilha de cartas em três ou quatro pilhas e depois uni-las como desejar.

5. As cartas são então passadas de volta para quem fará a leitura. O leitor abre as cartas sobre a mesa e o/a consulente escolhe cada carta, que o leitor colocará na posição correspondente na tiragem. Vire as cartas depois que todas estiverem posicionadas.

6. Leve o seu tempo para contar a história. Pense em como as cartas se encaixam em cada posição da tiragem. Não tenha medo de consultar um livro em busca de ajuda. Mais importante ainda, veja as conexões – como as cartas se relacionam uma com a outra? Elas reforçam ou negam a outra, complementam ou fazem oposição? Como uma carta se relaciona com a próxima?

7. O oráculo fala. Conte a história. Isso evoluirá enquanto você estiver falando e novas conexões forem surgindo em sua mente. Siga sua intuição! A possibilidade de contar essa história pode tornar mais fácil ler para os outros do que para você mesmo – além de tornar você um leitor mais objetivo para os outros.

8. Alguma dúvida? Se um consulente tiver mais perguntas com o resultado de uma tiragem, talvez tirar mais uma carta pode ajudar a esclarecer isso. Resista à ideia de fazer a mesma pergunta novamente.

TIRAGENS

As tiragens são as formas de posicionar as cartas para uma leitura de Tarô.

Temos sorte de viver em uma época em que tantas tiragens maravilhosas são compartilhadas online. Isso diz muito, tanto do ressurgimento do Tarô quanto do espírito dessa comunidade. Pegue emprestado o que for útil para você e, com o tempo, quando tiver criado sua própria tiragem, retribua a gentileza.

Algumas tiragens foram fornecidas aqui para lhe ajudar a começar – uma dessas é metade feitiço, metade leitura (não se preocupe, você saberá qual é, não haverá feitiços acidentais!).

TIRAGEM DE UMA CARTA

Iniciantes começam aqui

1.

Comece a prática de tirar uma carta todos os dias no mesmo horário. Peça iluminação para o dia ou dia seguinte, então tire uma foto e anote seus pensamentos sobre a carta. Retorne no dia seguinte e revise sua carta: suas impressões estavam corretas ou faltou perceber alguma coisa? Tire uma nova carta para o dia ou dia seguinte. Repita esses passos, aprenda e evolua!

TIRAGENS DE QUATRO CARTAS

Próximos passos

As duas tiragens a seguir seguem o mesmo layout. Os números indicam a ordem na qual as cartas devem ser posicionadas. Apesar de serem relativamente simples, essas tiragens são versáteis e fáceis de memorizar. Quando estiver lendo sobre o futuro, sempre defina o período de tempo com o/a consulente enquanto ele ou ela estiver embaralhando as cartas. Quanto menor esse tempo, mais específica a resposta geralmente é.

1. Passado 2. Presente 3. Futuro 4. Conselho

Oriente o/a consulente a pensar sobre cada uma dessas fases separadamente quando estiver embaralhando as cartas. Sua precisão em relação ao passado pode ser um guia interessante de como sua leitura de cartas está se desenvolvendo.

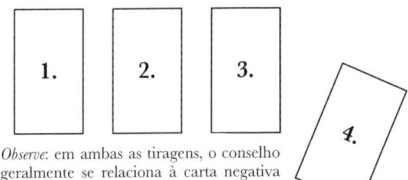

Observe: em ambas as tiragens, o conselho geralmente se relaciona à carta negativa ou ao resultado. Onde houve mais incerteza? O que melhor se encaixa?

1. Positivo 2. Negativo 3. Resultado 4. Conselho

Todas as cartas podem ser vistas tanto de uma forma positiva quanto negativa. Esta tiragem é versátil para muitas perguntas e uma ótima maneira de aprender as cartas. Se encontrar uma carta muito positiva na posição negativa isso geralmente significa que é uma negativa fraca e vice-versa.

OS QUATRO PODERES

Esta tiragem pode ser lida de várias maneiras, mas você começará com a mais simples. Sua perspectiva é de presente e de futuro. Tenha em mente uma ideia clara de quão longe no futuro ou no passado você está lendo antes de embaralhar as cartas.

1. O CAMINHO. Por onde você é convidado a caminhar?

2. O QUE ESTÁ NO CAMINHO. Os obstáculos e desafios que podem surgir.

3. A SABER. Qual será o aprendizado e como seu conhecimento é melhor aplicado.

4. A OUSAR. De que maneira você terá que ir além de si mesmo e expressar sua coragem.

5. A DESEJAR. Onde você deve concentrar seu foco e intenção. Como você precisará expressar sua determinação?

6. PARA MANTER SEGREDO. De que forma você terá que ter moderação ou abstenção.

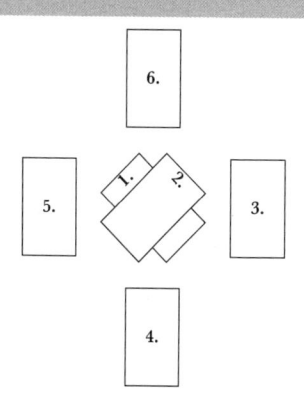

O CAMINHO DA ASTÚCIA

Leitura alternativa para Os Quatro Poderes

Embaralhe e selecione as cartas 1 e 2. Agora você precisa escolher: Se quiser orientação sobre O Caminho (1), selecione e posicione as cartas na mesma ordem de antes e considere a perspectiva que elas fornecem. Se quiser orientação sobre o obstáculo em O Que Está no Caminho (2), tire suas cartas na ordem inversa – 6, 5, 4, 3. O próprio ato de usar esta ordem anti-horária ajudará você a desfazer as barreiras a enfrentar. Acenda uma vela preta para canalizar o poder do fogo para destruir seu obstáculo... mas lembre-se, às vezes precisamos de desafios para crescer.

A RODA INTERIOR

Usando o calendário anual de festivais Wicca, e a Roda do Ano, como inspiração, esta tiragem é para autoexploração em momentos de transformações. A Carta 1, o Significante, é selecionado e disposto desvirado antes das cartas serem embaralhadas. O/a consulente deve escolher uma carta da Corte com a qual possuem mais afinidade com o Significante.

1. SIGNIFICANTE.

2. YULE. O que você está pronto para deixar ir em sua vida?

3. IMBOLC. Onde sua energia é melhor aplicada?

4. OSTARA. Como encontrar equilíbrio em seu processo de transformação?

5. BELTANE. Qual é o fogo que motiva o seu crescimento?

6. LITHA. O ponto de virada. Inspiração divina.

7. LAMMAS. O que você precisa começar a colher – literalmente ou metaforicamente?

8. MABON. Como a sua transformação reverberará naqueles ao seu redor?

9. SAMHAIN. Orientação dos ancestrais. Se estiver realizando esta leitura em um sábado, tire uma carta para sua linhagem materna, uma para sua linhagem paterna, e uma para os Mortos (aqueles que alcançaram muito, mas já fizeram a passagem).

```
        2.

   9.         3.

8.      1.       4.

   7.         5.

        6.
```

CARTAS EXTRAS

ESTÁ TUDO BEM

A carta *Está tudo bem* pode ser usada para substituir o Dez de Espadas. Uma versão desta carta com esta frase foi a primeira deste tarô que eu desenhei.

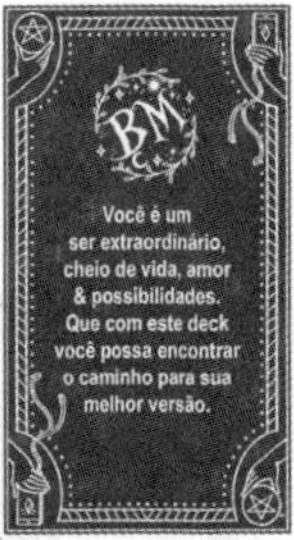

> Você é um ser extraordinário, cheio de vida, amor & possibilidades. Que com este deck você possa encontrar o caminho para sua melhor versão.

Esta última carta é um pouquinho de inspiração que envio para você.